LES PLUS BEAUX PANORAMAS DE PARIS

Greatest panoramic views

ARNAUD CHICUREL
assisté d'Ève-Marie Rouillère

PARIGRAMME

SOMMAIRE

Arnaud Chicurel est conférencier du musée du Louvre et photographe professionnel. Ses images, régulièrement publiées dans la presse, sont commercialisées par l'agence Hemis. Il est également l'auteur ou le co-auteur de plusieurs ouvrages dont *Paris Monuments* (éditions Parigramme 2011).

Arnaud Chicurel is a Museum Lecturer at the Louvre and Professional Photographer whose images gets regular exposure in the print media, and are sold through the Agence Hemis.
He is also a published author and co-author. His recent works include Paris Monuments*, éditions Parigramme (2011).*

La photo panoramique

La photo de format panoramique permet d'élargir le champ de vision d'un paysage, au-delà même de ce que perçoit un regard fixe. Elle résulte de l'assemblage de plusieurs clichés présentant un faible décalage latéral entre eux, évitant ainsi les distorsions d'un objectif grand-angulaire. La photo panoramique existe depuis le XIXe siècle mais l'avènement du numérique en a considérablement simplifié la mise en œuvre. Ce procédé enrichit la créativité et modifie la perception de l'espace. La superposition partielle de plusieurs clichés augmente en outre le nombre de pixels de l'image finale et par conséquent sa précision. Néanmoins, la photo panoramique convient surtout aux paysages formant un plan horizontal et doit être utilisée à bon escient. L'image au format très allongé apparaîtra confuse et celle couvrant un angle important exacerbera les courbures. Aussi les vues panoramiques ne correspondent-elles qu'à une faible part de la production d'un photographe. Elles n'en sont que plus précieuses !

PANORAMIC PHOTOGRAPHY

The beauty of panoramic photographs is that they expand your field of view, letting you pan well beyond a fixed point. They are formed when multiple images of a view are merged together; therefore they avoid horizontal distortion differences which occur when using a wide-angle lens. Panoramic photography has been around since the 19th Century, but the digital age considerably simplified its development. The format boosts creativity and changes our spatial perception. Besides, partially overlapping images increase the number of pixels in the final image, improving sharpness, as a result. Panoramic photography works best with horizontally oriented landscapes, and should be handled with care. Images with elongated fields of view will look too fuzzy, and curves will appear exaggerated in wide-angle images. It is also worth noting that 360-degree shots represent only a small part of a photographer's work, which makes them all the more precious!

Lever de rideau

Depuis le pont du Carrousel, la vue sur Paris au jour naissant est une des plus belles. La Seine semble un miroir. Les monuments se détachent d'une obscurité évanescente, comme les tours de Notre-Dame, le pont des Arts ou la coupole de l'Institut. L'hiver fait rougeoyer l'horizon ; est-ce un tel spectacle qui inspira Baudelaire pour composer son poème *Le Crépuscule du matin* ?

> « … L'aurore grelottante en robe rose et verte
> S'avançait lentement sur la Seine déserte,
> Et le sombre Paris, en se frottant les yeux,
> Empoignait ses outils, vieillard laborieux. »

CURTAIN RAISER

The view of Paris at daybreak from the Pont du Carrousel is one of the finest views that exist. Picture this: a mirror-like Seine. Monuments –such as Notre-Dame cathedral's towers, the Pont des Arts or the dome of the Institut de France– emerging from the evanescent darkness. Winter making the horizon blush... Was this the spectacle that inspired Baudelaire to compose *Morning Twilight*?

> "Shivering dawn in a robe of pink and green
> Made her way slowly along the deserted Seine,
> And sombre Paris, eyes rubbed and watering,
> Groped for its tools, an old man, labouring."

Le Pont-Neuf

À la fin du XVIe siècle, le roi Henri III décida de fluidifier la circulation à travers l'île de la Cité grâce à un ouvrage audacieux : un pont à terre-plein central établi sur un chenal préalablement comblé. Les difficultés techniques et une situation politique troublée entraînèrent la suspension des travaux. Le roi Henri IV acheva la construction du pont en 1607 conjointement à la création de la place Dauphine située au revers. Ils constituent la principale opération d'urbanisme menée par ce souverain dont la statue équestre, refaite au XIXe siècle, figure au centre du pont. Bien qu'il soit aujourd'hui le plus ancien de la capitale, le Pont-Neuf doit son nom à des aménagements alors inédits sur un tel ouvrage – trottoirs à la place d'immeubles, hémicycles d'observation –, et surtout à l'emploi de la pierre comme unique matériau de construction au lieu du bois, source d'incendies et d'écroulement des ponts antérieurs.

THE PONT-NEUF

In the late 16th Century, King Henri III decided to ease congestion on the Île de la Cité with an audacious project: a bridge featuring a traffic divider, built on an old shipping lane that had previously been filled in. Technical difficulties and troubled political water put the construction on hold and it was King Henri IV who completed the bridge in 1607, together with Place Dauphine which faces Pont-Neuf. It was the most important urban planning project carried out by the monarch whose equestrian statue (rebuilt in the 19th Century) stands in the middle of the bridge. Even though it is now Paris' oldest bridge, the Pont-Neuf ("new bridge") owes its name to its features that were considered innovative for a bridge, at the time. Its design included sidewalks instead of buildings and viewing boothes, and unlike earlier bridges which collapsed or were burnt down, it was built out of stone not wood.

De pont en pont

Si la Seine est un théâtre, ses 37 ponts en sont les loges. Est-il de plus belle perspective sur le musée d'Orsay que depuis la passerelle Solférino (rebaptisée Léopold-Sédar-Senghor), de plus belle vue sur l'Institut que celle offerte du pont des Arts ? Ce n'est toutefois qu'à la fin du XVIIIe siècle que les promeneurs purent en profiter de la vue, après l'arasement des maisons qui surmontaient ordinairement les ponts. Ceux-ci devinrent des belvédères avantageux ou même, pour certains, des objets de contemplation comme le pont Alexandre-III ou le plus contemporain pont Charles-de-Gaulle.

BRIDGE UPON BRIDGE

If the Seine is a theatre, its 37 bridges are the dressing rooms. Is there a finer view of the Musée d'Orsay than the view from the Passerelle Solférino footbridge (now named Léopold-Sédar-Senghor), or the view of the Institut de France from the Pont des Arts? However, it wasn't until the late 18th Century that strollers could enjoy the view after all the houses were removed. Thereafter, bridges became superb panoramic viewpoints, some even became objects of contemplation, like the Pont Alexandre-III or the more contemporary Pont Charles-de-Gaulle.

L'île Saint-Louis

THE ÎLE SAINT-LOUIS

At the core of the city lies the Île Saint-Louis, a village-like enclave where there are no avenues or metro stations. Just the surrounding Seine which reinforces the sense of seclusion. Here, on the Île Saint-Louis, there are no grand or famous monuments. The island is a monument in itself! Once two islands called Îlot Notre-Dame and Îlot aux Vaches, the Île Saint-Louis was created in the 17th Century and the land was subjected to urbanisation. The island has preserved its architectural unity and its cluster of 17th Century aristocratic town houses is still going strong; the finest were built overlooking the river to make the most of the view. While houses didn't have courtyards or gardens due to the lack of space and façades were less ornate in comparison with the older mansions that were built in the neighbouring Marais, the interiors were just as luxurious if not more so. Some are still intact such as the Gallery of Hercules at Hotel Lambert or the salons of the Hotel Lauzun.

Il est un village en plein centre de Paris ! Ici point d'avenue, point de station de métro et la Seine qui l'entoure renforce ce sentiment d'isolement. Ici, sur l'île Saint-Louis, point de monument grandiose et célèbre, mais elle constitue en elle-même un monument ! Née au XVIIe siècle de la réunion des îlots Notre-Dame et aux Vaches, inhabités, elle fut soumise à une urbanisation cohérente. L'île a conservé son unité architecturale et la concentration d'hôtels aristocratiques du XVIIe siècle y demeure forte. Les plus beaux ont été construits face au fleuve pour jouir de la vue. Dépourvus des traditionnels cour et jardin en raison de l'exiguïté du terrain, moins ornés extérieurement que les résidences nobiliaires édifiées auparavant dans le quartier du Marais proche, ils rivalisaient en revanche de luxe en matière de décors intérieurs. Certains d'entre eux subsistent, comme la galerie d'Hercule de l'hôtel Lambert et surtout les salons de l'hôtel de Lauzun.

La Conciergerie

La Conciergerie fut la prison du palais de la Cité, demeure ancestrale des rois. Au XIVe siècle, quelques décennies à peine après sa reconstruction, les souverains abandonnèrent ce château. Les services de justice reçurent alors l'intégralité des bâtiments. Des geôles furent installées dans l'aile donnant sur le fleuve. Les Parisiens la surnommèrent Conciergerie par référence au titre de l'intendant du palais, le concierge. C'est ici, en 1793, que fut détenue la reine Marie-Antoinette avant son jugement. La Conciergerie changea d'affectation en 1914 pour devenir un musée.

THE CONCIERGERIE

The Conciergerie is a former jailhouse that was part of the Palais de la Cité, the first Royal residence in Paris. During the 14th Century, the French monarchy abandoned the castle barely decades after it was rebuilt. After that the entire premises were taken over by the Judicial services. Prison cells were constructed in the wing overlooking the river. Parisians nicknamed the building the "Conciergerie" after the officer of the King who was charged with executing justice. It was here that Queen Marie-Antoinette was imprisoned prior to her trial in 1793. In 1914, the Conciergerie was decomissioned and turned into a museum.

L'île de la Cité

THE ÎLE DE LA CITÉ

No other neighbourhood in Paris boasts as many monuments as the Île de la Cité. It plays host to the Pont-Neuf, the Sainte-Chapelle, Notre-Dame cathedral and the Conciergerie. As well as being the geographic heart of the capital, it is also Paris' historical heart. The island is thought to have been colonised by the Parisii, a Celtic tribe who gave its name to the city. They were closely followed by the Romans who built ramparts to enclose the island. Vestiges of these walls are still visible in the archaeological crypt under the Parvis de Notre-Dame. In medieval times, the island territory was tacitly shared by the State and the Catholic Church. The western half of the Île de la Cité was primarily reserved for secular buildings, including Notre-Dame cathedral, the living quarters for the residentiary canons, various chapels, as well as the Hôtel-Dieu, Paris' oldest hospital. The eastern sector, on the other hand, was home to the Royal palace and its outbuildings which were abandoned by the monarchy around 1370 and have been assigned to the Justice system ever since. Despite a lot of demolition and the construction of the Police Prefecture and the Commercial Court on the eastern half during the 19th Century, the physical divide between the two powers is still perceptible today.

Aucun autre quartier de Paris ne peut s'enorgueillir de posséder autant de monuments que l'île de la Cité. Le Pont-Neuf, la Sainte-Chapelle, Notre-Dame, la Conciergerie y sont situés. Elle constitue aussi le noyau géographique et historique de la capitale. L'île a vraisemblablement été colonisée par une tribu celte, celle des Parisii, à l'origine du nom de la ville. Les Romains s'y sont implantés ensuite et l'ont entourée d'un rempart. Les vestiges de celui-ci sont visibles dans la crypte archéologique du parvis de Notre-Dame. Au cours du Moyen Âge, l'Église et l'État se partagèrent tacitement le territoire insulaire. La moitié orientale fut principalement réservée aux fondations religieuses : dans l'orbite de la cathédrale gravitent les résidences des chanoines qui la desservent, plusieurs chapelles ainsi que l'Hôtel-Dieu. Quant au secteur occidental, il correspond au palais royal de la Cité et à ses dépendances. Celui-ci, délaissé par la monarchie vers 1370, est depuis lors entièrement dévolu à la justice. En dépit de diverses destructions et de la construction au XIXe siècle des bâtiments de la préfecture et du tribunal de commerce à l'est de l'île, la division physique entre les deux pouvoirs reste encore perceptible.

Une ville née du fleuve

Le destin de Paris est scellé à celui de la Seine, qui en fut longtemps l'artère vitale. La capitale possède même depuis 1864 le domaine entourant les sources du fleuve, situé à 230 kilomètres, et le nom de la cité dérive de celui d'une tribu celte pêchant en ses eaux. Une nef figure sur le blason de Paris, allusion vraisemblable à la puissante corporation des nautes, des mariniers et marchands d'eau qui étaient aussi les détenteurs, à l'origine, de l'administration municipale.
L'on a en outre souvent comparé l'île de la Cité, d'où la ville s'est étendue, à un vaisseau. Sa forme ovale en est évocatrice, les tours de Notre-Dame et la flèche de la Sainte-Chapelle en constitueraient les mâts et la proue en serait le square baptisé du Vert-Galant, en référence aux frasques amoureuses du roi Henri IV à un âge avancé. Les ponts, enfin, amarreraient l'île-nef aux rives du fleuve.

A RIVER-BORN CITY

Paris' destiny has always been tied to the Seine, which had long been a vital transportation artery. The river's source has been owned by Paris since 1864 and is located approximately 250 miles away. In reference to the powerful corporate seafaring body and its *marchands de l'eau* who originally governed the municipality, the coat of arms of the city of Paris bears a vessel. Incidentally, the Île de la Cité –Paris' birthplace–, has often been likened to a boat. Its oval shape illustrates this along with Notre-Dame cathedral's towers, the Sainte-Chapelle's arrow as the island's masts, and its bow –the Square du Vert-Galant, "old charmer" after King Henri IV who was renown for his amorous escapades later in life. Meanwhile, the bridges appear to keep the boat-shaped island firmly anchored alongside the banks of the Seine.

Notre-Dame de Paris

Moins grande, moins haute, moins célèbre pour ses vitraux ou ses sculptures que d'autres cathédrales, Notre-Dame de Paris est cependant une harmonieuse composition architecturale. La forêt d'arcs-boutants et de pinacles, les arcatures ajourées et les rosaces constituent un modèle d'équilibre entre les pleins et les vides. Notre-Dame bénéficie en outre d'une situation exceptionnelle : bordée par la Seine et des jardins, précédée côté façade d'un vaste parvis depuis le XIXe siècle, elle est maintenue à distance de la ville dont elle marque pourtant le centre géographique et semble un formidable vaisseau de pierre amarré au quai. Notre-Dame, construite à partir de 1163 à l'initiative de l'évêque Maurice de Sully et achevée pour l'essentiel 90 ans plus tard, est une des plus anciennes cathédrales gothiques ; elle a conservé, en dépit des transformations successives, des éléments caractéristiques du gothique « primitif », notamment la présence de tribunes sous les fenêtres hautes. Obstacles à la diffusion de la lumière, elles disparaîtront des grandes églises ultérieures. Notre-Dame, cathédrale de Paris, ne fut pourtant jamais le grand sanctuaire royal : celle de Reims en faisait fonction pour le sacre et la basilique de Saint-Denis pour les funérailles.

NOTRE-DAME CATHEDRAL

It might not be quite as grand or as tall as other cathedrals, and is less famous for its stained glass windows and sculptures, Notre-Dame cathedral remains a harmonious architectural composition all the same. Its dense forest of flying buttresses, pinnacles, openwork arcatures and rose windows constitues an exemplary balance of solid and void. Notre-Dame also benefits from an exceptional location. The Seine, the surrounding gardens and a spacious forecourt dating back to the 19th Century keep Paris at sufficient distance. Notre-Dame was built after 1163 by Maurice de Sully, the Bishop of Paris, and essentially completed 90 years later. Despite successive changes, it is one of the oldest Gothic cathedrals to have maintained characteristic features of early Gothic architecture such as the use of tribune galleries beneath a series of tall windows. The poor light diffusing quality of this architectural feature meant that it was left out in later cathedral designs. Notre-Dame cathedral never became a royal resting place. French kings were crowned at Reims cathedral and funerals were held at the Saint-Denis basilica.

Paris capitale

PARIS WITH A CAPITAL C

Notre-Dame cathedral, the ancient Palais Royal of the Louvre and the dome of the Institut de France demonstrate that Paris is the seat of spiritual, temporal and intellectual executive power in France. Founded in the Gallo-Roman era, Paris developed gradually and it wasn't until the early 13th Century that the city actually became the capital of France. However, the title was disputed on several occasions, primarily by the towns of Amboise and Blois in the early Renaissance period, then by Versailles for over a century until 1789. Today, Paris remains France's undisputed capital even though population growth has remained stagnent since the late 19th Century. The city is still contained within the Boulevard périphérique, that ring road was built on the last of Paris' defensive walls, dating back to 1840, wich were dismantled after World War I, and escaped vertical expansion.

La cathédrale Notre-Dame, l'ancien palais royal du Louvre et la coupole de l'Institut de France témoignent que Paris est le siège du pouvoir spirituel, temporel et intellectuel de la nation. Fondée à l'époque gallo-romaine, la cité se développa progressivement et ne s'imposa comme capitale qu'au début du XIIIe siècle. Ce titre lui a cependant été disputé plusieurs fois, principalement par Amboise et Blois au début de la Renaissance, puis par Versailles durant plus de cent ans, jusqu'en 1789. Paris demeure la capitale incontestée de la France, bien que sa croissance démographique soit interrompue depuis la fin du XIXe siècle. La ville est en effet toujours circonscrite par son boulevard périphérique, lequel est accolé à l'ultime rempart (celui des années 1840, démantelé après la Première Guerre mondiale), et elle a échappé à une expansion verticale.

PAUL

L'Axe historique

Tout aussi prestigieux que la voie Triomphale de la Rome antique, l'Axe historique de Paris est jalonné de monuments. Voici d'abord le Louvre, légèrement décalé, l'arc du Carrousel, puis les jardins des Tuileries, créés au XVIe siècle et modifiés à l'époque de Louis XIV par le paysagiste Le Nôtre qui utilisa un système de lois optiques et les variations de niveaux pour allonger visuellement l'espace. Vient ensuite la place de la Concorde, à la croisée de l'Axe historique et de la voie s'étendant entre les façades similaires de l'Assemblée nationale et de l'église de la Madeleine. L'avenue des Champs-Élysées, enfin, conçue par Le Nôtre comme une perspective face au Louvre, aboutit à l'Arc de triomphe. Ce monument, édifié au sommet d'une colline dont on ne voit pas le versant opposé depuis les Champs-Élysées, marqua l'extrémité orientale de l'Axe historique jusqu'à la construction en 1989 de l'Arche de La Défense, à plus de 11 kilomètres de la pyramide du Louvre inaugurée la même année.

PARIS' HISTORIC AXIS

Equally as prestigious as Rome's Via Triumphalis, Paris' Historic east-west axis is dotted with monuments. First there's the Louvre, slightly on the sidelines of the axis, the Arc du Carrousel, followed by the Jardin des Tuileries, created in the 16th Century and revised during Louis XIV's reign by Royal landscapist André Le Nôtre who played with tiers and optical illusion to make gardens appear much longer. Then, there's Place de la Concorde at the crossroads of Paris' grand central axis, and the road that's punctuated by the matching façades of the Assemblée nationale and the Madeleine Church on either end. Lastly, the Avenue des Champs-Élysées, designed by Le Nôtre as an axis facing the Louvre, ends at the foot of the Arc de triomphe. Built at the top of a hill (whose opposite side can't be seen from the Champs-Élysées), the monument marked the edge of the western side of Paris' historic axis. This was the case until 1989, when the Arche de la Défense was constructed more than 6 miles away from the Pyramide du Louvre, inaugurated the same year.

Le jardin des Tuileries

Le plus vaste et le plus ancien jardin de Paris est aussi celui qui bénéficie du meilleur voisinage ! Il jouxte la Seine, la place de la Concorde et le Louvre. Cependant, l'ancien palais devenu musée ne lui était pas directement associé à l'origine. Le jardin s'étendait en réalité face au château des Tuileries, bâti à l'initiative de la reine Catherine de Médicis en 1564 et qui ne fut réuni au Louvre qu'ultérieurement, par deux galeries. La résidence de la souveraine, occupée ensuite par tous les rois et empereurs du pays, fut la proie des flammes lors de l'insurrection de la Commune de Paris en 1871 ; ses ruines furent rasées en 1883. Le jardin initial, d'inspiration italienne, était divisé en carrés thématiques. Il comportait un labyrinthe et une grotte ornée par le célèbre céramiste Bernard Palissy. C'est au paysagiste André Le Nôtre, très lié à Louis XIV, que l'on doit la création du jardin à la française. Le protégé du roi s'efforça ainsi de troubler la perception des distances par un système de terrasses aux bordures du site et par une perspective centrale qu'embellissent deux bassins à ses extrémités. Les dispositions de Le Nôtre ont pour l'essentiel été maintenues et reçurent de nombreuses sculptures, notamment de Rodin et de Maillol.

THE TUILERIES GARDENS

Paris' vastest and oldest public park also boasts the best neighbors! The Seine, Place de la Concorde and the Louvre all sit right beside the Tuileries gardens. However, legend has it that the Louvre's Palais Royal (now the museum) wasn't originally directly attached to the Tuileries. At the time, the grounds stretched as far as the Tuileries palace, constructed under Queen Catherine de Médicis' patronage in 1564. The gardens were eventually connected to the Louvre by two galleries. Every King and Emperor of France has lived here in the Queen's Royal residence, which caught fire during the upheaval of the Paris Commune in 1871 and was destroyed in 1883. The original gardens were inspired by the Italian Renaissance style and arranged on a grid of themed squares, featuring a labyrinth and a grotto decorated by the famous Potter Bernard Palissy. The French formal garden was invented by landscape architect and son of Louis XIV's former gardener, André Le Nôtre. The King's protégé sought to distort spatial perception by installing a central axis, flanked and enhanced by two basins of water and terrasses overlooking the gardens. To this day, the majority of Le Nôtre's landscape designs remain untouched and include numerous sculptures, particularly by Rodin and Maillol.

La place de la Concorde

En 1749, Louis XV, épris d'une politique de grands travaux dans Paris, se devait de porter une attention particulière à la création d'une place royale, trait typique de l'urbanisme français des XVIIᵉ et XVIIIᵉ siècles. Entourées de bâtiments prestigieux, presque toutes étaient baptisées du nom du souverain commanditaire dont la statue monumentale en bronze en ornait le centre. La place Louis-XV de Paris se démarque des modèles précédents par son ampleur et ses larges ouvertures. En 1792, devenue place de la Révolution et privée de la sculpture équestre de Louis XV qui fut envoyée à la fonte, elle reçut la guillotine. Celle-ci servit notamment à l'exécution du roi Louis XVI et de son épouse Marie-Antoinette. En 1836, un obélisque en provenance du temple de Louxor en Égypte et daté du XIIIᵉ siècle avant J.-C. fut érigé au centre de la place, devenue depuis peu place de la Concorde. Il est le plus ancien monument de Paris. Au cours du XIXᵉ siècle, deux somptueuses fontaines dédiées aux mers et aux fleuves, des candélabres en forme de colonnes rostrales, des sculptures allégoriques des grandes villes de France, puis, en 1998, la reconstitution d'un pyramidion au sommet de l'obélisque, forgèrent la fonction du site : celui d'être un chaînon majeur de la perspective principale de Paris.

PLACE DE LA CONCORDE

In 1749, Louis XV was passionate about his policy of carrying out major works across the city and devoted particular attention to creating a "place royale", a classic feature of 17th and 18th Century French town planning. The prestigious buildings surrounding Place de la Concorde are all named after the commissioning monarch and his monumental bronze statue adorns its middle. Unlike earlier squares, "Place Louis XV de Paris", as it was formerly known, stands out by its sheer size and broad entrance-ways. In 1793, it became Place de la Révolution. The equestrian sculpture of Louis XV was sent back to the foundry to make way for the guillotine, used to execute Louis XVI and his wife Marie-Antoinette. In 1836, an Egyptian obelisk from Luxor temple, dating back to the 13th Century before Christ, was erected in the center of the square which had then just been renamed Place de la Concorde. It is one of Paris' oldest landmarks. During the 19th Century, two magnificent fountains dedicated to the seas and rivers, rostral column-shaped lamp posts, allegorical statues representing France's main cities, as well as the obelisk's gilded pyramidion (reproduced in 1998); all served as a major link in Paris' Historic east-west axis.

Le Grand Palais

Le Grand Palais est le plus vaste des monuments conservés de l'Exposition universelle de 1900. Il constitue, avec le pont Alexandre-III et le Petit Palais bâtis pour la même occasion, l'un des maillons de la nouvelle perspective reliant les Invalides aux Champs-Élysées. Le Grand Palais, comme les autres monuments qui lui sont contemporains, allie la structure métallique et le décor traditionnel ; sa façade évoque la colonnade du Louvre. L'édifice est dominé par une verrière cyclopéenne, surpassant allègrement les dimensions des voûtes vitrées des pavillons qui avaient été réalisés pour les Expositions universelles antérieures. Elle affiche, en outre, de réelles qualités esthétiques grâce à la coupole centrale posée sur de larges pendentifs. Le Grand Palais marque ainsi l'apogée de la verrière, si chère aux architectes du XIXe siècle. Le recours prochain à l'illumination électrique la rendra obsolète. Une restauration récente de l'édifice a permis de le réaffecter à la tenue d'expositions ou d'événements et de redonner toute sa valeur à la verrière grâce aux éclairages. Elle participe désormais, avec la grande roue installée pour l'occasion place de la Concorde, à la féerie des fêtes de fin d'année.

THE GRAND PALAIS

The Grand Palais is the largest remaining landmark from the Paris World's Fair of 1900. Along with the Pont Alexandre-III and the Petit Palais, also built for the event, it is one of the links connecting the new axis from the Invalides to the Champs-Élysées. Like other monuments of its time, the Grand Palais pairs a metal structure with a traditional stone façade that evokes the colonnade of the Louvre. The edifice is dominated by a cyclopean glass dome which easily exceeds the dimensions of the vaulted glass rooves of the pavilions that were built for previous World Fairs. Displaying genuine aesthetic qualities owing to its central dome, the Grand Palais marked the apogee of the "glass roof" trend, favored by architects in the 19th Century –which came to an end with the discovery of electricity. As a result of recent renovation work, the monument's glass roof was restored to its former glory with new lighting, and space reallocated to accommodate exhibitions and events. The Grand Palais now takes part in the magic of the end-of-year festivities along with the ferris wheel on Place de la Concorde.

Par-dessus les toits

Les toits de Paris devaient offrir au Moyen Âge finissant le spectacle d'une mêlée débridée, d'un affrontement de clochers, de pignons, de tours, d'obélisques et de flèches se frayant un chemin vers le ciel à travers des interstices de lumière, à la manière de branches d'arbres perçant la canopée d'une forêt tropicale. Telle est du moins la vision proposée par Victor Hugo dans son roman *Notre-Dame de Paris*. Il y évoque un « tumulte de constructions. [...] Ces toits, [...] ces flèches, [...] ces accidents d'édifices sans nombre qui pliaient, tordaient et dentelaient d'une manière si bizarre [...]. Il en est des toits d'une capitale comme des vagues d'une mer ». Comme les faîtages paraîtraient aujourd'hui aplanis et assagis au poète ! Les toits de Paris sont désormais une mer calme d'où émergent essentiellement des monuments en guise de vaisseaux de pierre.

UP ABOVE THE ROOFTOPS

In the late Middle Ages, the rooftops of Paris' skyline must have offered such a visual feast –a motley crew of belfries, spires, obelisks, gables and towers reaching for the sky like branches breaking through a dense rainforest canopy. At least, this is how Victor Hugo pictured the skyline in his novel *The Hunchback of Notre-Dame*. In the book, he depicts a "tumult of edifices [...] those roofs, those spires, and those numberless peculiarities of buildings, which waved, notched and twisted [...] It is with the roofs of a capital as with the waves of the sea". Today the Paris skyline would be too dull and uniform for Victor Hugo, too much like a calm sea, broken only by monuments emerging like ships made of stone.

THE COLONNADE OF THE LOUVRE

The "grand plans for expansion" of the Louvre palace date back to the early 17th Century and were only partly completed when France's Commissioner of Finance, Jean-Baptiste Colbert, adopted them on his appointment as Superintendent of the King's Buildings in 1664. The west wing on the city side affirmed its supremacy and called for an imposing façade. Colbert planned on commissioning the famous Italian sculptor and architect Bernini to create the balustrade. However, during a visit to France in 1665, Bernini failed to convince Louis XIV; his plans were deemed too costly and too influenced by the Baroque period. Instead, the King honored the more sober and classic designs of Claude Perrault, the French physician, architect and brother of the author of the well-known *Contes*, assisted by Le Vau and d'Orbay. Perrault's colonnade consecrated the triumph of French architectural Classicism, while making a break with conventional Italian style. Even though its construction was interrupted during Louis XIV's reign as the monarch made the Palace of Versailles a priority, the colonnade has had a lasting impact on Parisian and European architecture. The Opéra Garnier's façade and the buildings on Place de la Concorde are distant echoes of the colonnade.

La colonnade du Louvre

Le Grand Dessein du Louvre, projet d'agrandissement du palais élaboré au début du XVIIe siècle et partiellement réalisé alors, fut repris par Colbert en 1664, lorsqu'il accéda à la charge de surintendant des Bâtiments du roi. La prépondérance d'une aile orientale, tournée vers Paris, s'affirma désormais. Il importait qu'elle fût soulignée par une façade imposante. Aussi Colbert envisagea-t-il d'en confier l'exécution au Bernin, célèbre architecte-sculpteur italien. Dépêché en France en 1665, il ne parvint toutefois guère à convaincre Louis XIV, tant ses propositions étaient onéreuses et marquées par le courant baroque. Le roi arbitra en faveur du projet plus sobre et d'inspiration classique de l'architecte et médecin Claude Perrault, frère de l'auteur des *Contes*, assisté de Le Vau et d'Orbay. La colonnade du Louvre consacra ainsi le triomphe du style français et la rupture avec le traditionnel modèle italien. En dépit de son inachèvement à l'époque de Louis XIV, au motif de la préférence accordée au chantier de Versailles, l'œuvre exerça une influence durable sur l'architecture européenne et parisienne. Les bâtiments de la place de la Concorde ou la façade principale de l'Opéra Garnier résonnent de son écho lointain.

Le Louvre

Palais des rois devenu temple des arts, le Louvre est en constant développement depuis 800 ans. Il n'était à l'origine qu'une modeste forteresse médiévale, lorsque le roi François Ier commença à lui substituer un château dans le goût antiquisant de l'époque. Il ne cessa alors d'être étendu, décoré et même investi par les artistes, illustrant une idée chère à la Renaissance, l'union des arts et du pouvoir. Louis XIV, qui entreprit ici de grands travaux, alla s'installer dans le nouveau château de Versailles en 1682, à l'écart de l'agitation politique de la capitale. Le Louvre entra en sommeil. Il ne se réveilla que lors de la Révolution, aux sons des premiers visiteurs du musée. Les acquisitions royales formèrent le noyau des collections. Au XIXe siècle, la création de nouveaux départements, l'accroissement du nombre d'objets et aussi le retour des monarques en ses murs entraînèrent la reprise des constructions, à l'identique des anciennes. Ce n'est qu'en 1993, après que le ministère des Finances eut quitté les lieux, que le Louvre devint le plus grand musée du monde. Une pyramide de verre, conçue par l'architecte Ieoh Ming Pei, fut édifiée au-dessus d'un nouvel espace d'accueil souterrain, en guise de principal apport du XXe siècle à l'histoire architecturale du palais.

THE LOUVRE

The Royal palace turned museum has been a constant work in progress for 800 years. Originally, the Louvre was a modest medieval fortress until Francis I replaced it with a castle in the Antique style of the era. The Louvre was ceaselessly expanded, embellished and filled with works of art, in keeping with the Renaissance philosophy of artistic patronage. Louis XIV, who had undertaken major renovation work there, eventually took up residence at the new Palace of Versailles in 1682, far away from the political unrest in the capital city. The Louvre fell into a slumber only to be awoken during the French Revolution by the sound of the first visitors of its museum. Royal acquisitions formed the nucleus of the collection. In the 19th Century, the creation of new departments, an increase in the number of artefacts and the monarchy's return led to the resumption of construction in line with the previous plans. It wasn't until the Ministry of Finance left the premises in 1993 that the Louvre finally became the world's greatest museum. A glass pyramid, designed by the Architect Ieoh Ming Pei and built above the new underground reception area, serves as the main contribution to the history of architecture from the 20th Century.

L’hôtel de la Marine

L’hôtel de la Marine et le bâtiment de l’hôtel de Crillon, qui lui fait pendant, bordent un côté de la place de la Concorde. L’ensemble, ainsi que l’église de la Madeleine située en retrait, a été commandité par le roi Louis XV dans les années 1750. Les trois édifices ornés de colonnes et de frontons, témoignent du retour de l’influence antique amorcé à cette époque. L’hôtel affecté à l’état-major de la Marine abritait, sous l’Ancien Régime, le garde-meuble de la Couronne. Le public y avait régulièrement accès et pouvait admirer de somptueuses tapisseries, des pièces d’orfèvrerie, de joaillerie ou de mobilier conservées et entretenues ici. Une telle accumulation de richesses ne fut pas sans conséquence néfaste. Le plus important cambriolage de l’histoire se produisit en ces lieux, lors de la Révolution française, entre le 11 et le 17 septembre 1792. Les bijoux de la Couronne disparurent. La police parvint à arrêter les voleurs et à récupérer l’essentiel du butin, mais des pièces inestimables échappèrent aux enquêteurs, dont le diamant bleu de Louis XIV. La pierre, retaillée et rebaptisée le Hope, est aujourd’hui exposée à la Smithsonian Institution de Washington.

THE HÔTEL DE LA MARINE

Hôtel de la Marine, the Ministry of the Navy and its twin building, the Hôtel de Crillon line one side of the Place de la Concorde. The ensemble and the Madeleine church, set further back, were commissioned by King Louis XV in the 1750s. The three column and gable-clad edifices illustrate the Antique style which came back in fashion at the time. The hotel that was assigned to the Navy General Staff under France’s Ancien Régime, once served as a Royal storehouse. The premises were often opened to the public to enable visitors to admire the sumptuous tapestry, silverware, jewellery and furniture that were stored and preserved here. Such an accumulation of valuables came at a price –it was the target of the greatest heist in History, during the French Revolution between September 11-17th 1792. The Crown Jewels were stolen in the burglary, but the Police managed to arrest the burglars and recovered most of the loot with the exception of some invaluable pieces, including the famous French Blue diamond that belonged to Louis XIV. The stone was cut and renamed “the Hope diamond”, and is now displayed at the Smithsonian Institution in Washington.

L'église Saint-Eustache - la Bourse de commerce

Les Halles ne sont plus « le ventre de Paris » décrit par Zola depuis la destruction des pavillons du grand marché durant les années 1970. Le quartier ne s'en est jamais vraiment remis mais deux monuments l'ancrent dans l'histoire : la Bourse de commerce, aux lignes rondes et régulières, et l'église Saint-Eustache, toute en tension verticale. Le premier est l'ancienne halle au blé, bâtie en 1763 pour assurer l'approvisionnement en pain des Parisiens, à l'emplacement de l'hôtel de Soissons – où s'était retirée au XVIe siècle la reine Catherine de Médicis. Il ne subsiste de cette demeure qu'une haute colonne d'où l'astrologue attitré de la souveraine se serait livré à des observations cosmiques. Les lieux furent affectés en 1885 à la Bourse de commerce. Quant à l'église Saint-Eustache, elle a pour surnom « la cathédrale des Halles ». Ses dimensions et son plan autorisent en effet la comparaison avec Notre-Dame. L'aspect extérieur du monument, édifié à partir de 1532, témoigne de la persistance du style gothique, hormis la façade reconstruite au XVIIIe siècle, mais le décor intérieur emprunte au répertoire ornemental de la Renaissance.

THE CHURCH OF SAINT-EUSTACHE – THE BOURSE DU COMMERCE

Gone are the days when Les Halles lived up to their nickname, the "belly of Paris" as Zola liked to call it –since the 1970s when the halls of the huge covered market were torn down. The neighborhood never really got over its closure. Two of its monuments remain rooted in the History of Les Halles: the round and linear Bourse de Commerce building and the church of Saint-Eustache with its soaring verticality. The former was built in 1763 where Catherine de Médicis' Hôtel de Soissons once stood, as a grain market to supply bread to Parisians. The only feature remaining from the Italian-born French Queen's manor house is a column which was used as an observatory for her personal astrologer. The Paris Chamber of Commerce took over the building in 1885. The other living memory in stone, the Saint-Eustache Church was dubbed the "cathedral of Les Halles". Its dimensions and floor plan merit comparison with Notre-Dame cathedral. With the exception of the front of the building which was rebuilt in the 18th Century, the monument's exterior design (constructed after 1532) demonstrates the persistent influence of Gothic style whereas the interior features borrow from the ornamental repertoire of the Renaissance period.

Le Palais-Royal

Aujourd'hui havre de paix et de verdure, le Palais-Royal fut le lieu de toutes les exubérances, à l'avant-garde du goût et des idées, où des penseurs, des épicuriens, des frondeurs et même un futur empereur vinrent humer un air de liberté. Ce qui fut initialement la résidence du ministre Armand-Jean du Plessis, cardinal de Richelieu, échut, par volonté testamentaire de son possesseur, au roi en 1642. Le frère de Louis XIV, Philippe d'Orléans, le reçut à son tour. Ses descendants l'agrandirent et l'embellirent, particulièrement à l'époque de Louis XVI. Le duc d'Orléans, criblé de dettes, avait eu l'idée de ceindre le jardin de galeries de rapport. Cafés et tripots attirèrent une clientèle interlope, d'autant plus que la police n'y avait pas librement accès. La tolérance et même la sédition s'épanouirent. Ainsi, le 12 juillet 1789, l'avocat Camille Desmoulins y lança un appel aux armes, prélude à la prise de la Bastille. Après la Révolution, les incroyables et merveilleuses, aux mœurs et costumes outranciers, s'y rencontraient, ainsi que des personnalités en quête de promotion ou d'aventure, dans les salons mondains ou en des lieux plus sombres – comme le jeune Napoléon Bonaparte, qui y aurait été déniaisé. Au XIXe siècle, Louis-Philippe tint à moraliser son domaine ; plus tard, ce dernier gagna encore en respectabilité lorsque le Conseil d'État, le Conseil constitutionnel et le ministère de la Culture s'y installèrent. Le Palais-Royal renoua toutefois avec le scandale quand, dans la cour d'honneur, en 1986, le sculpteur Daniel Buren disposa 260 colonnes de marbre noir et blanc.

LE PALAIS-ROYAL

Today, it is a haven of peace, calm and greenery, yet the Palais-Royal was once a hive of activity. It was a place that attracted avant-garde thinkers and tastemakers; and where philosophers, epicurians, and even a future emperor came to experience a sense of freedom. Originally, home to the Cardinal and Minister Armand de Richelieu, the Palais-Royal was devolved to Louis XIV in 1643. The king's brother Philippe d'Orléans later inherited the palace. His descendants expanded and enhanced the building, particularly during Louis XVI's reign. The debt-ridden Duke of Orléans came up with the idea of surrounding the palace gardens with arcaded galleries. Cafes and gambling joints reeled in a shady clientele, and all the more so because the Police were denied free entry. Tolerance and sedition were rife. Hence, on July 12th 1789, the lawyer Camille Desmoulins made there an impassioned "call to arms" which inspired the storming of the Bastille. After the French Revolution, the "Incroyables and Merveilleuses" with their colourful behaviour and apppearances met there, along with others looking to go up in the world, or for a good time in the city's shadiest places and salons mondains. Merrymakers included the young Napoléon Bonaparte who was said to have learnt much about life here. In the 19th Century, Louis-Philippe was anxious to get his estate back on the straight and narrow. The Palais-Royal later gained respectability when it became home to the Council of State, the French Constitutional Court and the Ministry of Culture. In 1986, the palace was hit by further scandal when French sculptor Daniel Buren filled the courtyard with 260 zebra-striped marble pillars.

L'Opéra Garnier

Tous les fastes du Second Empire et de la Troisième République naissante sont ici déployés. L'architecte Charles Garnier a répandu à profusion marbres, dorures et mosaïques. Il a peuplé également les murs et plafonds d'allégories peintes ou sculptées, toutes hautes en couleur et expressives. Le grand foyer évoque la galerie des Glaces de Versailles, une rotonde servant de salle de réception, ornée d'une cohorte de portraits de femmes quelque peu lascives, relève du salon de voluptés ; quant à l'escalier monumental, avec ses balcons, ses miroirs et ses jeux de perspective, il tient lieu de seconde scène de spectacle. L'illusion et la magnificence sont omniprésentes, même sur la façade principale, inspirée par la colonnade du Louvre et surmontée d'un dôme ressemblant étrangement à la couronne impériale. Il n'est pas jusqu'aux bâtiments avoisinants qui ne participent à l'émerveillement, leurs pilastres et arcades extérieurs faisant écho à ceux du monument.

THE OPÉRA GARNIER

The splendor of France's Second Empire and budding Third Republic are here for all to see. French architect Charles Garnier went to town with marble, gold leaf and mosaic art, and covered the walls and ceilings with colourful and expressive allegorical paintings and sculptures. The Grand Foyer, reminiscent of the Palace of Versailles' Hall of Mirrors, opens into a rotunda which serves as a dining area. The interior is clad with a cohort of portraits of women striking fairly lascivious poses like scenes taken from a boudoir, and the monumental staircase with its balconies, mirrors and play on perspective can be used as a second stage area. Illusion and magnificence are omnipresent. The domed roof that sits atop the Colonnade du Louvre-inspired façade bears an uncanny resemblance to an imperial crown. Even the surrounding buildings are "in on the act"; their arches and pilasters seem to echo this architectural wonder.

ACADEMIE NATIONALE DE MUSIQUE
POESIE LYRIQUE
LIBRAIRIE
BOUTIQUE

DOISNEAU
LES HALLES

L'Hôtel de Ville

PARIS CITY HALL

Few palaces are as grand or as spacious as Paris' Hôtel de Ville. The building's grandeur is a reflection of the omnipotence of the Paris City Council. Elements of its interior remind us that the local administration has dealt several blows to state power, over the course of History. Surprisingly, a monarch –King Francis I– actually helped foster plans to build a new City Hall in 1533. The monument which is inspired by the late medieval style, with its dormers, mullioned windows and tall chimney stacks, set in and among its arches and pilasters, is also reminiscent of the Antique style that was in vogue at the time. After it was destroyed by fire in 1871 during the Commune insurrection, Paris City Hall was eventually rebuilt exactly as it was built before, and has remained intact ever since. The City Hall Plaza used to be called Place de Grève which hosted festivities, like the traditional St. John's Day bonfire lit by the king. It also served as a place for public executions. Poisoners hailing from the French nobility were burned at the stake here, regicides were drawn and quartered, and others were beheaded after the guillotine was brought here on April 25th 1792.

Rares sont les palais qui dépassent en dimensions et en faste l'Hôtel de Ville de Paris, révélant ainsi la toute-puissance de l'administration municipale de la cité. Elle fit même vaciller à plusieurs reprises dans son histoire le pouvoir étatique, comme certains décors des salons de réception du monument le rappellent. Ce fut pourtant un roi, en la personne de François Ier, qui encouragea la construction d'un nouvel hôtel de ville en 1533. Le monument, inspiré par le style médiéval tardif, avec ses lucarnes, fenêtres à meneaux et hautes souches de cheminées, témoignait également du goût en vogue pour l'Antiquité, à travers ses arcades et des pilastres de façade. Incendié en 1871 lors de l'insurrection de la Commune de Paris, l'Hôtel de Ville fut reconstruit quasiment à l'identique et est demeuré en l'état. À l'endroit du parvis, une grève en prolongement de la Seine et aménagée en place, dite de Grève, servit à des réjouissances, telles que le feu de la Saint-Jean allumé par le roi, mais aussi à des supplices. On y brûla des empoisonneuses issues de la noblesse, on y écartela des régicides, on y décapita aussi pour la première fois à la guillotine, le 25 avril 1792.

Le Centre Pompidou

Presque cent ans après la construction de la tour Eiffel, un monument vint célébrer à nouveau l'architecture métallique, alors que l'on croyait celle-ci quelque peu révolue. Tout comme son aînée, il suscita l'étonnement, le scandale, l'enthousiasme, en guise de prélude à la ferveur du public. C'est en 1969 que le président Pompidou souhaita redonner à Paris une suprématie culturelle par un musée d'art contemporain et une bibliothèque installés dans un nouveau bâtiment qui relèverait d'un puissant geste architectural. Ainsi les concepteurs, Piano et Rogers, libérèrent-ils l'espace intérieur en rejetant au-dehors les éléments porteurs et en fixant sur une des façades les canalisations. Les couleurs de celles-ci indiquent la nature des fluides qui y circulent. Le caractère audacieux, voire provocateur du monument est souligné par son implantation sur le plateau Beaubourg, quartier ancien et à l'habitat homogène. Édifice qualifié de manifeste d'architecture postindustrielle, en raison des références explicites aux structures des usines, le centre Pompidou reste curieusement sans descendance. Il a toutefois redonné un élan à l'architecture de la fin du XXe siècle et est à l'origine d'un mouvement général de renouveau des musées.

THE CENTRE POMPIDOU

This rather late and somewhat surprising tribute to metal-frame construction came at a time when steel architecture was deemed a thing of the past –i.e. a century after the Eiffel Tower was built. Just like its elder, the Centre Pompidou provoked astonishment, enthusiasm and scandal before winning over the public. In 1969, President Georges Pompidou sought to re-establish Paris' cultural supremacy via a museum of contemporary art with a built-in library, in one sweeping architectural gesture. The founding fathers of the Centre Pompidou, Piano and Rogers freed up space inside the building by putting structural features and color-coded service pipes outside. The monument's bold design is emphasized by its location on the Beaubourg plateau in an old neighborhood, and the uniformity of the surrounding buildings. Dubbed a "manifesto of Post-Industrial architecture", for its obvious references to factory and power plant structures, the edifice has yet failed to generate any architectural offspring. However, it did give new impetus to late 20th Century architecture, and set the wheels in motion for a museum revival.

La place de la Bastille

Unique grande place parisienne qui ne soit pas le fruit d'un projet d'urbanisme, le rond-point de la Bastille est né spontanément de la convergence entre un canal, des voies de chemin de fer aujourd'hui disparues et une artère de l'Ancien Régime, la rue Saint-Antoine. Le site n'en demeure pas moins illustre, car il est celui de l'événement fondateur de la Révolution française : la prise par le peuple, le 14 juillet 1789, de la forteresse médiévale de la Bastille, devenue prison et symbole honni de l'autorité royale. Le monument, détruit peu après l'assaut, est ici juste signalé par un tracé pavé à son emplacement. La colonne rappelle une autre révolution, celle de juillet 1830. Son fût, gravé des noms des émeutiers décédés, soutient une sculpture allégorique, le « Génie de la Liberté ». Les 50 mètres de hauteur et la position centrale de la colonne, ainsi que la rotation ininterrompue des véhicules, concourent à l'apparenter à un axe gravitationnel. Un autre monument, l'Opéra, achevé en 1989, contribue à équilibrer la place par la longueur de sa façade et par sa courbure s'opposant à celle de la chaussée. La massivité du bâtiment et son austérité perpétuent le souvenir de l'ancienne forteresse.

PLACE DE LA BASTILLE

The city's one and only place that is truly steeped in Parisian history was not the product of town planning. The Bastille roundabout is the result of the convergence of a canal, some old railway lines that no longer exist, and the Rue Saint-Antoine, a thoroughfare dating back to the Ancien Régime. Nevertheless, the area has an illustrious past. The French Revolution came to a climax here on July 14th, 1789 when peasants stormed the King's prison on Place de la Bastille. Now only traces remain where the landmark building stood until the Storming of the Bastille. The monumental column in the middle of the square commemorates another revolution –the July Revolution of 1830. It is engraved with the names of those who died in the fighting. The allegorical statue at the top of the column is known as the "Spirit of Freedom". The column's central position, sheer height of 164 feet, and circling traffic seem to create a gravitational field, pulling everything inside towards it. The addition of another monument in 1989, a new opera house, helped balance Place de la Bastille with its broad and curved street-facing façade. The immensity of the building and its austere appearance perpetuate the souvenir of the ancient fortress.

La Villette

LA VILLETTE

The transformation of former trading estates into cultural and recreational areas is a key characteristic of late 20th Century urban planning in Paris. The Bercy, Les Halles and La Villette neighborhoods have all undergone dramatic change. For many years, La Villette was centered around a live cattle market and slaughterhouses built in 1867. Unfinished reconstruction work and shoddy workmanship at the beginning of the 1970s sealed the site's fate –La Villette would be devoted to Leisure and Science outreach. Various other cultural institutions eventually moved there and a park was created. Today, the site spans 55 hectares. Its main axis is the Canal de l'Ourcq and the area is scattered with little red pavilions called "les Folies". A few buildings have been left intact, the cattle market, for instance, provides precious evidence of 20th Century industrial architecture. Other buildings were constructed like the Cité de la Musique, or the Géode –a cinema with a semi-circular screen inside a giant mirror ball. La Villette's central hub , the Cité des Sciences et de l'Industrie, is the result of the reconversion of the old slaughterhouses.

La conversion des anciens grands sites commerciaux en lieux d'agrément ou culturels est la principale marque d'urbanisme de la fin du xxe siècle à Paris. Les quartiers de Bercy, des Halles et de La Villette ont ainsi changé de vocation. Le dernier cité était dominé par le marché aux bestiaux et les abattoirs créés en 1867. Une reconstruction partielle et mal exécutée, au début des années 1970, scella rapidement son sort : La Villette sera désormais dédiée à la vulgarisation scientifique et aux loisirs. En outre, diverses institutions culturelles y prendront place et un parc sera aménagé. Le secteur couvre aujourd'hui 55 hectares. Il est ponctué de pavillons rouges, les « folies », et a pour axe principal le canal de l'Ourcq. Quelques bâtiments d'origine ont été conservés, notamment la halle aux bœufs, précieux témoignage d'architecture industrielle du xixe siècle ; d'autres ont vu le jour, comme la Cité de la musique ou la Géode, qui est un cinéma à écran semi-circulaire logé dans une sphère métallique. Quant à l'édifice principal, celui de la Cité des sciences et de l'industrie, il résulte de la transformation des abattoirs.

Le Père-Lachaise

Seuls des gazouillis d'oiseaux emplissent l'air et de grands arbres barrent l'horizon. Comme Paris semble lointain depuis le centre du Père-Lachaise ! Il n'y a en effet qu'ici, dans ce cimetière de 44 hectares – le plus grand de la capitale – traité à la manière d'un jardin anglais, tout en allées sinueuses et ombragées, que l'on se sent à l'écart de l'agitation urbaine. L'on en oublierait presque l'humanité, mais les 70 000 tombes présentes y ramènent constamment, qu'elles soient simples dalles ou monuments funéraires pastiches, tels que chapelles néogothiques, mausolées pyramidaux, gisants de style Renaissance ; qu'elles soient celles d'inconnus ou de célébrités, comme les chanteurs Jim Morrison ou Édith Piaf, le compositeur Frédéric Chopin, le peintre Eugène Delacroix, le romancier Honoré de Balzac. Les sépultures sont même si nombreuses sur les pentes du Mont-Louis, où se retira le père jésuite François d'Aix de La Chaise, confesseur de Louis XIV, que le cimetière créé en 1804 affiche désormais complet.

PÈRE-LACHAISE

With only the sounds of the birds chirping and a few tall trees interrupting an otherwise unbroken view of the horizon, when you're standing in the middle of Père-Lachaise, Paris seems a world away! Designed as an English garden and divided into shaded, winding pathways, Paris' largest cemetery –spanning 44 hectares– is the only place where you really feel far away from the hustle and bustle of urban life. You'd be forgiven for thinking there wasn't a soul around. And yet, the 70,000 graves are a constant reminder of the souls that were laid to rest here: Headstones, monumental above ground vaults, miniature neo-Gothic chapels, pyramid-inspired mausoleums, Renaissance-style tomb effigies, pay tribute to the totally unknown as well as famous singers Jim Morrison and Édith Piaf, the French composer Frédéric Chopin or artists and writers such as Eugène Delacroix and Honoré de Balzac. So many people are buried here on the slopes of the Mont-Louis hill where the confessor to Louis XIV, Père François de La Chaise retired, that the cemetery, which was built in 1804, is currently full.

La Bibliothèque nationale de France

La nouvelle Bibliothèque nationale de France, édifiée pour soulager les rayonnages de sa sœur aînée de la rue de Richelieu, fut inaugurée en 1995. Ce dernier des grands travaux commandités par le président Mitterrand apparaît aussi comme l'un des plus surprenants. Si l'emplacement de la nouvelle bibliothèque n'est pas historique, la proximité immédiate de la Seine confère au monument une certaine noblesse. Les détracteurs de l'ouvrage de l'architecte Dominique Perrault en critiquèrent le style austère et l'organisation, laquelle aligne des magasins de stockage dans les étages tout en enterrant les salles de lecture. Cependant, les quatre tours en forme de livre ouvert se sont imposées comme un signal dans le ciel parisien : elles délimitent un vaste jardin planté de pins principalement et entouré de galeries. La réminiscence d'un cloître médiéval et la luxuriance de la nature entendent favoriser la méditation des lecteurs.

THE BIBLIOTHÈQUE NATIONALE

Designed with a view to freeing up shelf space at the old National Library of France on Rue de Richelieu, France's new National Library was built in 1995. It is the last and most surprising of President Mitterrand's "Grand Projects". Although its location has no history behind it, its close proximity to the Seine lends a touch of class. Detractors of the monument, designed by French architect Dominique Perrault, criticised its austere style and spatial layout which involved aligning storage facilities in the upper floors and putting the reading area in the basement. The building's four tower blocks, shaped like open books, have imposed themselves upon the city's skyline. They enclose a vast garden, predominantly planted with pine trees, and surrounded by galleries. The Bibliothèque Nationale's medieval convent-like space and luxuriant vegetation offer an ideal environment for the meditative practice of reading.

La Cité de la mode et du design

La Cité de la mode et du design est née de la volonté de doter l'est parisien d'institutions culturelles et de réhabiliter une belle architecture industrielle. Ce bâtiment faisait partie des Magasins généraux d'Austerlitz, lieu de permutation des marchandises entre la Seine et des voies ferrées. Construits en 1907, ces entrepôts furent parmi les premières réalisations en béton armé. Le sauvetage de l'un d'eux fut opéré par l'agence d'architecture Jakob + MacFarlane qui conserva le gros œuvre en béton et y greffa un corps d'acier et de verre sérigraphié. La ligne ondulante et la couleur verte de cette nouvelle structure évoquent le fleuve à ses pieds. Après une gestation difficile, la Cité de la mode et du design fut ouverte au public en 2012 ; elle partage l'espace avec l'Institut français de la mode ainsi que diverses boutiques et salles d'exposition.

THE CITÉ DE LA MODE ET DU DESIGN

The project to create a Fashion and Design Centre was born out of a desire to populate the East of the city with cultural institutions and rehabilitate a beautiful old industrial building, which used to be occupied by the old General Stores where goods were transferred from barges to trains. Built in 1907, the old warehouses were among the first reinforced concrete structures. Architects Jakob+MacFarlane kept one of the original concrete buildings, but added a steel and silk-screened glass framework. Its lime-green colour and undulating façade mirror the river below. After a string of setbacks, the Cité de la mode et du design finally opened to the public in 2012. It is home to the Institut français de la mode, numerous boutiques and exhibition spaces.

Le Muséum national d'histoire naturelle

THE NATIONAL MUSEUM OF NATURAL HISTORY

One of France's oldest scientific institutions used to be the Royal garden for medicinal plants, created in 1635. The museum soon became popular with students and teachers. It was directed by distinguished scholars like the Count de Buffon and Bernardin de Saint-Pierre in the 18th Century. The author who wrote the novel *Paul et Virginie* ran the establishment until the French Revolution when the King's medicinal herb garden was replaced by the Natural History Museum. As bursar, the writer founded the Menagerie, largely thanks to the seizure of animals that had been made to perform in the streets by animal trainers. Its most famous tenant was France's first ever giraffe. The female giraffe, which came from Marseille in 1827, was a real crowd-pleaser! The Menagerie made the headlines once again when the Franco-Prussian War broke out in 1870: Starving Parisians led the animals to the slaughter house during the Siege of Paris. During the 19th Century, greenhouses and exhibition galleries were built as part of the museum's expansion. The Zoology building, inaugurated shortly after the Eiffel Tower, in 1889, is the largest gallery. The recently renovated and refurbished Grande Galerie de l'Évolution punctuates the central axis of the Jardin des Plantes. Some remarkable trees can be found within the botanical gardens' 23 hectares. They include a Cherry Blossom tree from Japan which blooms for only a few days at a time each April.

L'une des plus anciennes institutions scientifiques de France a pour origine le « Jardin royal des plantes médicinales » créé en 1635. Il devint rapidement un lieu d'étude et d'enseignement apprécié. D'éminents savants le dirigèrent, comme au XVIIIe siècle le comte de Buffon et Bernardin de Saint-Pierre. Celui-ci, qui était également l'auteur du roman *Paul et Virginie*, conserva ses fonctions lorsque, à la Révolution française, le Muséum d'histoire naturelle succéda au Jardin du roi. L'intendant écrivain y fonda la ménagerie, notamment grâce à des confiscations d'animaux exhibés dans les rues par des montreurs. La pensionnaire la plus illustre des lieux fut la première girafe envoyée en France. Installée en 1827, après avoir cheminé depuis Marseille, elle souleva les passions des foules. La ménagerie défraya de nouveau la chronique lors de la guerre franco-prussienne de 1870. Les Parisiens, affamés par le siège de leur ville, abattirent les animaux. Au cours du XIXe siècle, le développement du Muséum entraîna la construction de serres et de galeries d'exposition. Celle de zoologie, inaugurée quelques mois après la tour Eiffel, en 1889, est la plus vaste. Récemment restaurée et rebaptisée Grande Galerie de l'évolution, elle marque l'extrémité de la perspective du Jardin des plantes. Ce dernier, couvrant 23 hectares, renferme des arbres remarquables, dont un majestueux cerisier du Japon, intégralement paré de fleurs roses en avril, durant quelques jours.

La montagne Sainte-Geneviève

La principale éminence de la rive gauche ne culmine qu'à 60 mètres, mais sa dénomination de montagne ne semble pas entièrement galvaudée, car elle est, au sens figuré, un haut lieu. La vie spirituelle et intellectuelle parisienne s'y exprime fortement. En outre, le site semble davantage dominer les alentours, tant il est hérissé de clochers et couronné de coupoles. On y distingue la tour médiévale dite de Clovis, vestige de l'église abbatiale dédiée à sainte Geneviève, patronne des Parisiens, ainsi que le grand dôme d'un autre édifice cultuel érigé en son honneur au XVIIIe siècle et devenu le Panthéon, la nécropole des grands hommes. Certains d'entre eux figurent sculptés sur le fronton triangulaire du monument. À proximité, la coupole de la chapelle de l'université de la Sorbonne protège la sépulture du ministre Armand-Jean du Plessis, cardinal de Richelieu, qui fut aussi proviseur de l'institution. La Sorbonne possède depuis le XIXe siècle deux autres coupoles, dont la couleur verte traduit l'oxydation du cuivre ; la plus haute coiffe l'observatoire. Un clocher à lanternon métallique attire également l'attention. Il s'agit de celui de l'église Saint-Étienne-du-Mont, édifiée aux XVIe et XVIIe siècles, où est conservé l'unique jubé de Paris.

MONTAGNE SAINTE-GENEVIÈVE

The Left Bank's most prominent hill peaks at only approximately 197 feet, but it certainly lives up to its name. Figuratively speaking, it is one of Paris' top places. Parisian spiritual and intellectual life is also strongly apparent here. In fact, the street literally dominates its surroundings, rubbing shoulders with steeples and carrying the domed-roof of a neighboring church like a crown. From here, you can see the medieval "Tour Clovis" vestiges from the church of the Abbey of Sainte-Geneviève, the patron Saint of Paris; as well as the grand dome of another cultural institution from the 18th Century, also built in the Saint's honor –now the Pantheon, a necropolis for France's "Great heroes". Some of their sculptures decorate the monument's triangular pediment. Nearby, the dome of the Sorbonne Chapel guards the tomb of the Cardinal and Minister Armand de Richelieu who was also a former President of the University. Two further domes have been added since the 19th Century: their greenish tinge is due to oxidation. The highest one tops the Sorbonne's Observatory. A steeple bearing a metal lantern tower also catches the eye. It belongs to the church of Saint-Étienne-du-Mont, built during the 16th and 17th Centuries, which is home to the only remaining rood screen in Paris.

Le jardin du Luxembourg

THE LUXEMBOURG GARDENS

This park with its many attractions has a habit of luring students away from the local schools and universities. The gardens serve to extend the only palace in Paris that was commissioned by a self-subsistent queen. In 1615, the Queen regent Marie de Médicis decided to assert her power and see through her late husband, King Henri IV's plans to enhance the city. She began by erecting a palatial home for herself with surrounding gardens. The palace has undergone significant changes in its history, and has been the seat of the French Senate since 1799. Many changes were also made to the gardens' dimensions and layout until the era of Napoléon III; they have remained the same ever since. Luxembourg has all the characteristics of the Formal French garden: terraces, sweeping vistas and parterres devoted to flowers, but part of the domain is inspired by an English landscape approach featuring winding pathways and shady groves. There lies an orchard full of hundreds of apple and pear trees and a dozen bee hives which hark back to a time, many moons ago when the monks of Chartreux tended the land.

Ce jardin aux attraits multiples draine les étudiants des nombreuses universités ou écoles avoisinantes. Il prolonge l'unique palais ayant été construit à l'initiative d'une reine et subsistant aujourd'hui. C'est en 1615 que Marie de Médicis, alors régente, décida de marquer son autorité et de poursuivre la politique d'embellissement de Paris menée par feu Henri IV, son mari, en faisant édifier une somptueuse demeure à son usage et en la dotant d'un jardin. Le bâtiment a subi d'importantes transformations dans son histoire et il abrite depuis 1799 le Sénat. Le jardin a également beaucoup varié, dans ses dimensions et ses dispositions, avant qu'elles n'en fussent figées à l'époque de Napoléon III. Le Luxembourg a certes tout du jardin à la française, avec ses terrasses, perspectives et parterres fleuris, mais une partie du domaine évoque un parc à l'anglaise, aux allées sinueuses et aux bosquets ombragés. C'est dans ce secteur que se situent un verger, composé de plusieurs centaines de pommiers et de poiriers, ainsi qu'une douzaine de ruches, souvenirs d'un temps où des moines chartreux cultivaient ici leurs terres.

Le musée d'Orsay

THE MUSÉE D'ORSAY

Who would have thought that the major link in the chain of Paris' monument trail at one point nearly disappeared off the face of the earth? Constructed to mark the 1900 Paris World's Fair, the building was originally a luxury hotel and a railway station connecting Paris to South-West France. If it wasn't for its steel and glass roof structure, the edifice could actually be mistaken for a palace. The Musée d'Orsay's riverside façade meets its match in the architecture of its neighbor, the Louvre. The building, which eventually couldn't cope with the increase in rail traffic and was considered too old-fashioned, attracted its fair share of developers, architects and urban planners. All of whom were keen to replace it with rectilinear concrete buildings. The uproar sparked by the demolition of the market halls at Les Halles in the early 1970s, caused a reversal of opinion, swinging in favor of preserving historical Paris. The old Gare d'Orsay, to that effect, was renovated and turned into a museum, dedicated to mid-late 19th Century art. Today, the landmark, which re-opened in 1986, is famous for its collection of Impressionist paintings.

Qui pourrait croire aujourd'hui que ce maillon majeur de la chaîne de monuments tendue le long de la Seine ait failli disparaître ! Construit à l'occasion de l'Exposition universelle de 1900, il abritait alors la gare reliant Paris au sud-ouest de la France, ainsi qu'un hôtel luxueux. N'était sa grande verrière à charpente métallique, l'édifice se serait confondu avec un palais, d'autant plus que la façade côté Seine donne la réplique à celles du Louvre voisin. Rapidement inadapté à l'accroissement du trafic ferroviaire et relevant d'un style jugé désuet, le bâtiment attira bientôt la convoitise des promoteurs, architectes et urbanistes avides de le remplacer par des immeubles rectilignes en béton. L'émotion suscitée au début des années 1970 par la destruction des pavillons des Halles entraîna un revers d'opinion : le Paris historique devait désormais être préservé. L'ancienne gare d'Orsay allait ainsi bénéficier d'une réhabilitation et se muer en musée dédié à l'art de la seconde moitié du XIXe siècle. Ouvert en 1986, il doit sa notoriété à ses collections de peintures du mouvement impressionniste.

L'hôtel des Invalides

THE HÔTEL DES INVALIDES

The prevention measure of "the Great Confinement", which was introduced in Paris in 1656, inspired the creation of the Hôpital Général for disabled homeless ex-servicemen so they would no longer have to resort to begging. When the institution opened in 1674, it welcomed over a thousand residents, and was deemed "very worthwhile for the State", by its founding father, King Louis XIV. Despite its monastic architectural design, similar establishments subsequently built overseas proved its success. The courtyards inside the building give the place a monastery feel. However, the dome crowning the royal chapel, which was finished in 1708 –with its curves, gilding and war trophies– is the only feature that breaks with the landmark's overall aesthetic austerity. At around 331-feet tall, towering over the spire of Notre-Dame cathedral, it was Paris' highest building before the Eiffel Tower was unveiled in 1889. Another of the dome's distinctive features is its ingenious light-diffusing system. The windows on the second level of the drum, which are concealed inside the edifice by a low and truncated cupola, allow borrowed light to flood its painted ceiling. The dome is also a resting place for France's Great Military leaders whose remains are arranged around the tomb of Napoléon Bonaparte. In actual fact, the church's central rotunda was lowered to make way for the Emperor's tomb in 1861.

Le principe d'un « hôpital général pour le renfermement des pauvres », qui avait été appliqué en 1656 à Paris, inspira la création d'un vaste hôtel pour les invalides militaires, afin que ceux-ci ne soient plus réduits à la mendicité. Il accueillit plus de mille pensionnaires, peu après son ouverture en 1674. L'institution fut « très utile à l'État », selon les termes de son fondateur, le roi Louis XIV. Des établissements similaires réalisés ultérieurement à l'étranger témoignent de son succès, en dépit d'une architecture toute monacale. Les cours intérieures ont l'apparence de cloîtres. Seul le dôme, achevé en 1708 et coiffant la chapelle réservée au roi, rompt véritablement avec l'austérité générale grâce à ses lignes courbes, ses dorures et ses décors représentant des trophées militaires. Haut de 101 mètres, c'était le bâtiment le plus élevé de Paris, dépassant même la flèche de Notre-Dame, avant l'inauguration de la tour Eiffel en 1889. Ce dôme se distingue également par son ingénieux système de diffusion de la lumière. Les fenêtres au second niveau de son tambour sont dissimulées à l'intérieur de l'édifice par une coupole tronquée et basse, mais elles permettent un éclairage en second jour de la calotte supérieure et peinte. Le dôme abrite une nécropole d'illustres militaires ordonnée autour du tombeau de Napoléon Ier. La rotonde circulaire et centrale fut abaissée afin d'y placer la sépulture impériale en 1861.

Le Val-de-Grâce

THE CHURCH OF VAL-DE-GRÂCE

It was a providential birth that led to the building of one of Paris' most beautiful and little known edifices. After years of being unable to produce a Dauphin, Anne of Austria, Queen consort of Louis XIII, finally gave birth to her son, Louis XIV. Her wish to erect a temple "to the Glory of God", in the event of the birth of a child, was thus granted in 1638. In addition to this monumental "votive offering", Anne of Austria annexed a convent and a private residence to the church. The complex designed by architects François Mansart and Jacques Lemercier is among the major artistic achievements of the 17th Century. Val-de-Grâce's exceptional interior is distinguished by its polychrome marble paving with interlacing motifs, the vast fresco by Pierre Mignard decorating its cupola, and a baldachino with twisted columns inspired by that of St. Peter's basilica in Rome. The church's domed-roof also borrows from the Papal basilica. At 131-feet tall, it was the city's highest dome until the Dôme des Invalides was completed in 1708. Both landmarks are now integrated into current or former military hospitals.

C'est à une naissance providentielle que l'on doit l'un des plus beaux, mais aussi l'un des plus méconnus édifices de Paris. La reine Anne d'Autriche, qui ne parvenait pas à donner un héritier à la Couronne, promit en effet d'élever « un temple à la gloire de Dieu » en cas d'heureux événement. La venue au monde de Louis XIV en 1638 permit à la souveraine d'accomplir son vœu. En sus de l'église du Val-de-Grâce, sorte d'ex-voto monumental, Anne d'Autriche adjoignit un couvent et un logis personnel. L'ensemble, auquel ont collaboré les architectes François Mansart et Jacques Lemercier, constitue une œuvre artistique majeure du XVIIe siècle. Le décor de l'église se distingue par un exceptionnel pavement de marbres polychromes et à motifs d'entrelacs, par une vaste fresque de Pierre Mignard ornant la calotte et par un baldaquin d'autel à colonnes torses inspiré de celui de Saint-Pierre de Rome. L'église emprunte également à la célèbre basilique pontificale une couverture en dôme. Haut de 40 mètres, il demeura le plus haut de la capitale avant que celui des Invalides ne le surpassât en 1708. Ces deux sites parisiens sont désormais intégrés à des hôpitaux militaires.

Le pont Alexandre-III

Le titre de Belle Époque décerné aux années 1900 prend tout son sens pour qui découvre le pont dédié à Alexandre III, tsar de Russie et signataire d'une alliance avec la France en 1893. La profusion de motifs allégoriques, naturalistes ou empruntés à l'antique fait de ce pont une œuvre typique et raffinée du début du XXe siècle, ainsi que le monument le plus original légué par l'Exposition universelle de 1900. La valeur artistique le dispute ici à la qualité technique. Le recours à l'acier, matériau alors encore peu employé, ainsi qu'à des culées renforcées et surmontées de hauts piliers faisant contrepoids présente un double avantage : l'ouvrage d'art n'a qu'une seule arche, pour faciliter la circulation fluviale, et son tablier n'est pas constitué de deux plans inclinés mais d'une chaussée abaissée, afin de ne pas altérer la nouvelle perspective reliant les Invalides et les Champs-Élysées, bordée par le Grand et le Petit Palais, également achevés en 1900 et de style analogue à celui du pont.

THE ALEXANDRE-III BRIDGE

For anyone who discovers this bridge dedicated to Alexander III, Tsar of Russia who concluded the Franco-Russian alliance in 1893, the term "Belle Époque" that was invented in the 1900s says it all. Its profusion of allegorical features and motifs borrowed from Naturalism or the Antique period makes the bridge a particularly ornate masterpiece of the early 20th Century, but also the most original monument remaining from the 1900 Paris World's Fair. Here the bridge's artistic merit competes with the quality of its technical design. The use of steel, a material that was rarely employed at the time, and reinforced abutments supporting tall pillars acting as counterweights has two advantages: the construction's single-span steel arch facilitates vessel traffic and instead of comprising cross slopes, its deck was lowered so as not to obstruct the sweeping view of the les Invalides and Champs-Élysées axis featuring the Grand Palais and the Petit Palais, also built in 1900, in the same style as the bridge.

La tour Eiffel

Emblème de toute une nation et monument payant le plus visité au monde, la tour, achevée en 1889, marque la consécration de l'ingénieur et entrepreneur Eiffel, bien qu'on ne puisse lui en attribuer l'entière conception. L'idée d'ériger une colonne dépassant les 1 000 pieds symboliques avait déjà germé, notamment dans les esprits de deux assistants d'Eiffel. Ils s'inspirèrent de piles de ponts métalliques dont leur patron s'était fait une spécialité. La tour Eiffel est si célèbre que l'on a peine à croire qu'elle était promue à la démolition vingt ans après son inauguration ! L'achèvement du Chrysler Building de New York en 1930, dépassant à peine les quelque 312 mètres initiaux de la tour parisienne, ne troubla en rien le pouvoir de fascination de celle-ci. La tour Eiffel, élevée pour l'Exposition universelle marquant le centenaire de la Révolution française, apparaît elle-même comme une révolution, d'ordre architectural. Sa hauteur est deux fois supérieure à celle de l'obélisque de Washington, l'édifice le plus élevé du monde depuis 1884, sa forme en faisceau accentue l'effet d'élancement, ses lignes épurées et le fer ajouré lui confèrent une gracilité inédite. La tour repoussa subitement et au loin les limites à l'industrie humaine, elle célébra avec force l'union de la science et de l'art. Elle est celle par qui le rêve prométhéen de se hisser au firmament devint permis.

THE EIFFEL TOWER

A national symbol and the world's most visited paying monument –the tower which was completed in 1889 is synonymous with the entrepreneurial success of the engineer and archictect Gustave Eiffel, even though he didn't design it all by himself. Eiffel's two assistants first came up with the idea of building a column that exceeded the symbolic 1,000-feet mark. They were inspired by the metal piers used in their boss' bridge designs that eventually became his trademark. The Eiffel Tower is so famous that it is hard to believe that it was intended to be demolished twenty years after its inauguration! The completion of the Chrysler Building in New York in 1930, which barely towers over the Parisian landmark's original 1,023 feet, posed no threat whatsoever to the Eiffel Tower's fascinating appeal. Erected for the Paris World's Fair to mark the Centenary of the French Revolution, the monument is a revolution in itself on an architectural level. It is twice as high as the Washington Monument –the world's tallest edifice since 1884. The *iron lady's* wand-like form has an elongating effect while her clean lines and openwork give her unprecedented gracefulness. The Eiffel Tower significantly pushed the boundaries of human engineering, almost without warning and in doing so, is a powerful tribute to the union of art and science. When it comes to the Eiffel Tower, the sky's the limit.

La tour Montparnasse

« Une épine plantée dans le cœur de Paris. » Ainsi la tour Montparnasse était-elle qualifiée dans les journaux lors de son achèvement en 1973. Elle est en effet le seul gratte-ciel au centre de Paris et son style architectural relève pour le moins de la sobriété. Haut de 210 mètres et fréquenté par 5000 employés de diverses entreprises, le bâtiment est le point d'orgue du réaménagement du quartier, dans la lignée de la reconstruction de la gare Montparnasse en 1969. La tour a le mérite d'offrir certainement le meilleur point de vue sur la capitale, depuis sa terrasse accessible au public, et elle apparaît comme un lingot au vif éclat lorsque ses bureaux demeurent éclairés en hiver et depuis qu'une illumination ondulante et à couleurs variables, conçue en 2012, parcourt sa silhouette.

THE MONTPARNASSE TOWER

Coined "a thorn planted in the heart of Paris" by the press when it was completed in 1973, the Montparnasse Tower is the only skyscraper in the centre of Paris and it is characterized by the sobriety of its architectural style. It is almost 689-feet tall and 5,000 people work for the various companies who have offices here. The building became the highlight of urban planning and development in the district, following the reconstruction of Montparnasse Station in 1969. The tower has its advantage: the rooftop terrace offers the best panoramic view of the French capital. It also glimmers like a gold bar when office lights are left on in Winter, and since the undulating, color-changing waves of its new light show started skimming its surface, back in 2012.

Les Champs-Élysées

C'est en 1789 que la perspective tracée au début du XVIIe siècle face au Louvre reçut le nom d'avenue des Champs-Élysées. Elle était encore champêtre lorsque Louis-Philippe entreprit de border la partie orientale de jardins et d'y implanter restaurants, cafés et théâtres. Le souverain présida également, en 1836, à l'inauguration du plus grand arc de triomphe au monde, dont les travaux avaient débuté trente ans auparavant. L'avenue, ainsi embellie, longue de presque 2 kilomètres, devint le principal maillon de l'Axe historique de Paris et fut investie de commerces, d'immeubles et d'hôtels particuliers. Le bâtiment aux grandes baies vitrées Art déco fut édifié en 1931 pour une institution de promotion touristique, la Maison de la France ; il est occupé depuis 2005 par la prestigieuse maroquinerie Louis Vuitton.

THE CHAMPS-ÉLYSÉES

It was in 1789 when the axis facing the Louvre, plotted in the early 17th Century was given its name. The area was still fairly rural when Louis-Philippe began adding gardens, restaurants, cafés and theatres to the eastern half. In 1836, the monarch presided the inauguration of the *Arc de Triomphe*, the world's tallest triumphal arch, thirty years after its first stone was laid. Spanning just over 1.25 miles long, the new improved Champs-Élysées has become the main link of the city's Historic east-west axis. Shops, apartment blocks and hôtels particuliers now fill the top of the avenue. The building with the large Art Deco windows was completed in 1931 to accommodate the Maison de la France, Tourism promotion board; it has been occupied by the prestigious luxury goods brand Louis Vuitton since 2005.

LOUIS VUITTON
HSBC

Le quartier de Grenelle

Tel un bras tendu en signe d'adieu, la tour Eiffel salue les eaux de la Seine quittant le Paris historique. Elles filent alors vers l'ouest, à travers des quartiers intégrés à la capitale en 1860 et dévolus pour certains à des activités industrielles. Leurs usines et ateliers disparurent progressivement lors des années 1970 et cédèrent la place au parc André-Citroën, ainsi qu'à la vingtaine de tours formant le Front de Seine. Comme la fuite du temps est ici perceptible ! Elle l'était déjà au début du XXe siècle, dans l'esprit du poète Guillaume Apollinaire. Il empruntait régulièrement le pont Mirabeau, ocre, à grande arche centrale et achevé en 1896. Le nom de l'ouvrage d'art est aussi celui du poème le plus célèbre d'Apollinaire. Il y épanche sa nostalgie d'une époque heureuse de sa vie et assimile l'écoulement continu du fleuve au défilé inexorable des souvenirs.

« Sous le pont Mirabeau coule la Seine
Et nos amours
Faut-il qu'il m'en souvienne
La joie venait toujours après la peine »...

THE GRENELLE DISTRICT

Like an arm waving goodbye, the Eiffel Tower salutes the water of the Seine as it leaves Historical Paris, flowing westwards, passing neighborhoods that became part of the capital city in 1860. Some played a part in Paris' industrial activity. The local manufacturing plants and workshops gradually disappeared during the 1970s, making way for the Parc André-Citroën and the twenty or so tower blocks of the Front de Seine high-rise district. Time has certainly flown by here! This was already the case in the early 20th Century, according to French poet Guillaume Apollinaire. He often crossed the ochre-colored Pont Mirabeau arch bridge that was completed in 1896. The architectural work of art shares its name with Apollinaire's most well-known poem, in which the author waxes nostalgic about a happy time in his life, and compares the ever-flowing waters of the river to a constant stream of memories.

"Under the Mirabeau bridge there flows the Seine
And our loves
Must I remember them
Joy always followed pain..."

L'église Saint-Augustin

C'est en partie par le percement de longues avenues débouchant chacune sur un nouveau monument que Napoléon III entendait embellir Paris. Apparurent ainsi les perspectives de l'Opéra, du tribunal de commerce et de l'église Saint-Augustin, laquelle se distingue ainsi des autres lieux de culte construits à Paris sous le Second Empire. Elle s'en démarque également par son style inédit. La coupole et les arcs en plein cintre annoncent le courant romano-byzantin, dont l'œuvre principale sera la basilique du Sacré-Cœur à Montmartre. Un autre trait de modernité de l'église Saint-Augustin apparaît dans l'omniprésence et la visibilité des structures métalliques jusqu'à l'intérieur de l'édifice, suivant l'exemple récent de l'église Saint-Eugène située à proximité ; mais cette caractéristique rappelle surtout des bâtiments profanes et neufs tels que les Halles de Paris, de l'architecte Victor Baltard : c'est d'ailleurs à lui qu'incombera la réalisation de l'église Saint-Augustin. La résistance obtenue par le fer et la fonte a évité le recours aux contreforts et aux arcs-boutants, afin d'alléger le coût de la construction ainsi que l'aspect de l'église. L'architecture en métal apparent sera bientôt dépréciée, mais elle reviendra triomphalement, à la fin du XXe siècle, souvent en association avec le verre, comme en témoignent les tours de La Défense.

THE CHURCH OF SAINT-AUGUSTIN

Part of Napoleon III's plan to improve Paris was to construct long avenues with a new moument at the end of each one. Hence, the views of the Opéra Garnier, the commercial court of Paris and the church of Saint-Augustin which makes the place of worship stand out from the rest of the landmarks built in Paris during the Second Empire. It is also distinguishable by its eclectic style with its dome and semicircular arches that are typical of the Roman-Byzantine movement, of which the basilica of the Sacré-Cœur in Montmartre remains a masterpiece. Another distinctively modern feature of the Church of Saint-Augustin is the omnipresence and visibility, even inside, of its metal structure, following the example of the nearby church of Saint-Eugène, and particularly of later secular buildings, like Les Halles whose architectural design by Victor Baltard provided a blueprint for Saint-Augustin. The resistance of iron and stone combined took regular and flying buttresses out of the equation, and in turn alleviated construction costs and the church's overall appearance. Metal frame architecture later dwindled in popularity, before making a huge comeback in the late 20th Century when it was often paired with glass as demonstrated by the skyscrapers of La Défense.

ariane
ariane
EDF
AREVA
Cœur Défense
AURORE

La Défense

LA DÉFENSE

The idea of a modern business area on the outskirts of Paris emerged in the early 1960s. Since then, dozens of skyscrapers have shot up, offering a panorama of the evolutions in architectural design from the last fifty years. The "First Tower", completed in 201, is particularly remarkable: At almost 758-feet tall, it is France's tallest office building. Inaugurated in 1989, the Grand Arche remains La Défense's masterpiece: Like a horizontal line etched across the Parvis de La Défense rooftop courtyard, it is the third arch on Paris' Historic east-west axis, after the Louvre's Arc du Carrousel and the Arc de Triomphe. The hollow cube, that rises over 360-feet tall and is covered with grey granite and white Carrara marble from Italy, was according to its Danish architect, Otto von Spreckelsen, designed as an "open window on the world".

À l'aube des années 1960, la création d'un quartier d'affaires moderne en dehors de Paris s'imposa. Depuis lors, plusieurs dizaines de tours ont surgi, offrant un panorama des évolutions de l'architecture au cours des cinquante dernières années. La tour First, achevée en 2011, est particulièrement remarquable. Haute de 231 mètres, elle s'honore d'être l'immeuble habité le plus élevé de France.
Mais la pièce maîtresse demeure la Grande Arche, inaugurée en 1989. Trait d'union tiré en travers du parvis de La Défense, elle constitue le troisième jalon de l'Axe historique de Paris après les arcs du Carrousel et de Triomphe. Ce cube évidé de 110 mètres de haut, recouvert de granit gris et de marbre blanc de Carrare, veut faire figure de « fenêtre ouverte sur le monde » selon son concepteur danois, Johan Otto von Spreckelsen.

Le château de Versailles

Création gigantesque, instrument de prestige de la monarchie à l'apogée de sa puissance, le domaine de Versailles est également un creuset des arts du XVIIe siècle ainsi qu'un modèle d'équilibre et d'harmonie que de nombreux souverains étrangers tentèrent de reproduire. En 1682, le château, alors en travaux, participait déjà pleinement au rayonnement de Louis XIV quand celui-ci décida d'y séjourner en permanence. De nouvelles campagnes de constructions se succédèrent qui permirent, entre autres, de transformer la terrasse centrale en galerie des Glaces où furent exposés des meubles en argent massif. Louis XV paracheva l'œuvre de son arrière-grand-père par la construction de l'Opéra. Louis XVI se contenta de renouveler le décor de certaines salles. Le retour définitif du roi à Paris le 6 octobre 1789 ne priva pas Versailles de son titre de symbole de la grandeur nationale. Ainsi, le roi Louis-Philippe y ouvrit un musée en 1837 « dédié à toutes les gloires de la France » et le traité de paix avec l'Allemagne fut signé dans la galerie des Glaces en 1919. Aujourd'hui, le château de Versailles attire quelque sept millions de visiteurs chaque année.

THE PALACE OF VERSAILLES

A colossal construction and prestigious status symbol for the French monarchy at the height of its power, the Versailles estate equally served as a crucible for 17th Century art and a model of palace architecture that many monarchs around the world went great lengths to replicate. In 1682, even though the palace was under renovation, it still managed to raise the profile of King Louis XIV when he decided to take up permanent residence there. Plans for further development followed one after the other and enabled, among other things, the transformation of the palace's central terrace into the Hall of Mirrors where the king's solid silver furniture was displayed. Louis XV put the finishing touches to his great-grandfather's work by building the Royal Opera while Louis XVI merely renewed the decor of some of the palace's rooms. Even after the king definitively returned to Paris on October 6th 1789, Versailles' role as a symbol of national grandeur remained intact. In 1837, King Louis-Philippe opened a museum "in honour of all of France's glories". Then in 1919, the peace treaty with Germany was signed in the Hall of Mirrors. The Palace of Versailles currently attracts around seven million visitors each year.

Le château de Vincennes

Ce château fort est un des plus grands, des plus hauts et des mieux conservés d'Europe ainsi que la seule demeure royale du Moyen Âge subsistante. Vincennes, manoir édifié par Saint-Louis au XIIIe siècle et agrandi par ses successeurs, se métamorphosa en une vaste citadelle à l'initiative du roi Charles V vers 1360. Elle se résumait dans un premier temps à un puissant donjon quadrilatéral muni de tourelles en saillie contre les angles morts et d'une terrasse, une innovation servant à disposer des pièces d'artillerie. Place forte, le donjon était aussi une demeure confortable et luxueuse. À partir de 1372, Charles V fit ceindre un vaste espace rectangulaire face au donjon par une muraille longue de 1 000 mètres et scandée de neuf hautes tours. Il entama aussi la construction de la Sainte-Chapelle, quasi identique à celle de Paris. À la mort de Charles V, le domaine fut délaissé progressivement. Il retrouva temporairement une vocation résidentielle au début du règne de Louis XIV. L'architecte Le Vau adossa alors sur le rempart les deux pavillons du Roi et de la Reine, de style classique. Ils furent victimes d'explosions provoquées par les Allemands le 20 août 1944. Différentes campagnes de restauration ont été menées ensuite, permettant aux visiteurs d'apprécier le caractère exceptionnel de l'architecture, des sculptures et des vitraux du monument.

THE PALACE OF VINCENNES

The Château de Vincennes is one of Europe's tallest and best-preserved fortresses as well as being the last remaining royal residence from the Middle Ages. Constructed by Saint-Louis in the 13th Century and expanded by his successors, the castle was turned into a vast citadelle by order of King Charles V around 1360. It started out as a powerful-looking quadrilateral dungeon flanked with protruding turrets. It also featured a terrace, an innovation in those days, that was designed as a place to store artillery. An important stronghold, the dungeon also doubled up as a comfortable and luxurious abode. From 1372 onwards, Charles V sectioned off a vast rectangular area opposite the dungeon with a wall that was over 3,000 feet long and nine tall towers. He also started building a near-replica of Paris' Sainte-Chapelle. After Charles V's death, the estate was slowly left to ruin. It became a royal residence again for a short spell at the beginning of Louis XIV's reign. It was then that the architect Le Vau built the classical style King and Queen's pavilions on the old ramparts. On August 20th 1944, the pavilions were bombed by the Germans. Several bouts of renovation work were carried out in order to let visitors appreciate the exceptional character of the Palace of Vincennes' architectural design, its sculptures and monumental stained glass windows.

Photo © Lionel Lourdel

Édition : François Besse
Suivi éditorial : Mathilde Kressmann
Préparation correction : Marie-Flore Limal
Avec la collaboration d'Irène Colas
Traduction : Carly Jane Lock
Direction artistique : Isabelle Chemin
Photogravure Fotimprim, à Paris
Achevé d'imprimer en France en mai 2015
sur les presses de l'imprimerie SEPEC, à Péronnas
ISBN : 978-2-84096-906-8
Dépôt légal : septembre 2014
Numéro imprimeur : 12533150501